COMITÉ DES NOTAIRES DES DÉPARTEMENTS

Institué en 1840

29, RUE LE PELETIER, 29

PARIS

DÉCHARGES DE RESPONSABILITÉ

POUR

LES PRÊTS HYPOTHÉCAIRES

24 OCTOBRE 1894.

PARIS

LIBRAIRIE COTILLON

F. PICHON, SUCCESSEUR, IMPRIMEUR-ÉDITEUR,

24, RUE SOUFFLOT, 24

1894

LES PRÊTS HYPOTHÉCAIRES

Nous venons, pour remplir la mission que vous nous avez confiée dans l'assemblée générale du 25 octobre 1893 (circulaire n° 221), vous présenter notre rapport sur la question des décharges de responsabilité en matière de placements hypothécaires.

Vous vous souvenez dans quelles conditions le renvoi de cette question a été fait au Comité.

M. Maréchal, délégué de Bar-sur-Seine, a donné connaissance d'une délibération prise par sa compagnie dans sa séance du 12 mai 1892, ainsi conçue : « Par application du § 6 de l'art. 12 de l'ordonnance du 4 janvier 1843 et de l'art. 1er du décret du 30 janvier 1890, à partir du 15 juin 1892, tout notaire qui recevra un acte concernant un placement hypothécaire ou autre, sera tenu de demander au créancier ou bailleur de fonds une décharge de responsabilité distincte de l'acte notarié et conforme au modèle adopté par l'assemblée. Les délégués devront vérifier l'observation de cette prescription et en informer le président de la chambre. »

M. Mestrallet, délégué de Lyon, s'est rallié à la proposition de M. Maréchal et a dit que le comité régional de Lyon, dont il est le président, devait délibérer prochainement sur cette mesure.

M. Richardot a demandé si les tribunaux admettraient toutes les décharges, si toutes les responsabilités seraient à couvert et si ces décharges ne seraient pas considérées comme une pure clause de style sans efficacité.

De toutes parts, le renvoi de la proposition au Comité a été réclamé et a été prononcé à l'unanimité moins quatre voix.

La proposition faite par M. Mestrallet au Comité régional de Lyon, dans sa séance du 7 septembre 1893, était sensiblement différente de celle de la compagnie des notaires de Bar-sur-Seine et beaucoup plus radicale ; la voici : « Les chambres de discipline devraient interdire les négociations de placements hypothécaires. » Suivent diverses mesures d'exécution.

Dans la séance du 15 février 1894 du même comité régional, M. Mestrallet a présenté le rapport sur cette question, et il concluait ainsi : « Au surplus les mesures, avant d'être appliquées, demandent à être acceptées par l'ensemble ou du moins la grande partie des compagnies de notaires. Le principe, une fois admis par les comités, ceux-ci se chargeraient de la propagande pour obtenir le résultat cherché. » Ces conclusions ont été adoptées par le comité régional.

Le président de la chambre des notaires de Moulins a transmis au Comité général de Paris, en demandant son avis, une proposition d'un de ses membres ainsi conçue : « Dans tous actes de prêts, auxquels interviendront personnellement les prêteurs ou leur fondé de pouvoir spécial, les notaires de l'arrondissement seront

tenus d'insérer, après la date de l'acte, la mention sui-
vante : « Avant de clore, M... a donné connaissance
à M... des dispositions de l'ordonnance du 4 janvier
1843, d'après lesquelles il est interdit aux notaires tant
par eux-mêmes, etc... », et un exemplaire, imprimé
en gros caractères de la présente délibération, sera
affiché ostensiblement dans chaque étude. »

Nous nous trouvons ainsi en présence de trois
propositions différentes, mais toutes tendant au
même but : restreindre, sinon supprimer, en matière
de placements de fonds, la responsabilité du notaire ;
il n'est pas de question plus grave, plus importante,
plus vitale pour le notariat, puisqu'il est démontré
que la plupart des sinistres qui se produisent sont
causés par des placements malheureusement ou im-
prudemment faits.

Mais avant d'étudier le remède, ne vous semble-
t-il pas utile de rechercher les causes du mal! Nous
le ferons très succinctement, à l'aide des éléments qui
nous sont fournis presque uniquement par nos circulaires ; ils y sont nombreux, car l'étude à laquelle
vous nous avez conviée, a été faite pour ainsi dire
chaque année par le Comité, et pour en trouver
l'origine, il faut remonter à sa création même, alors
qu'il s'appelait la Conférence des notaires des départements.

Dans sa circulaire du 1er janvier 1842 (t. I, p. 92),
la Conférence proposait à l'examen du notariat cette
question :

« La qualité de notaire n'exclut-elle pas, d'une
« manière absolue, celle de mandataire que les tri-
« bunaux lui attribuent en certains cas, comme dans
« les placements par hypothèques ; n'y a-t-il pas,
« dans cet accouplement du double titre de notaire
« et de mandataire, une anomalie qui viole le prin-

« cipe fondamental de la loi notariale, et qui consiste
« à rendre le fonctionnaire partie dans un acte qu'il
« reçoit, alors que cette immixtion lui est interdite
« de la manière la plus formelle; et conséquemment,
« n'est-ce pas par suite d'une fausse interprétation que
« les tribunaux font peser sur le notaire la responsa-
« bilité résultant des art. 1382 et 1992 du Code civil. »

Il était impossible de mieux poser la question, tous les points en litige y sont indiqués d'une manière aussi claire que précise. Vous savez la réponse que la jurisprudence y a faite, et qu'actuellement, en pratique du moins, il n'est plus possible de mettre en discussion les propositions suivantes :

Le notaire est soumis à la responsabilité édictée par les art. 1382 et 1383 du Code civil, non comme un fonctionnaire qui commettrait un manquement à un devoir professionnel, mais comme un simple particulier avec toutes les rigueurs des règles générales et absolues du droit commun.

Les règles du mandat, non seulement exprès, mais tacite, sont applicables au notaire. Sans doute il est généralement admis que l'existence du mandat tacite ne peut être établie par témoins ou par simples présomptions sans un commencement de preuve par écrit, toutes les fois que la valeur du litige dépasse 150 francs; mais en quoi consiste le commencement de preuve par écrit? A prendre les mots à la lettre, c'est bien clair, mais comme il existe peu d'espèces dans lesquelles ce genre de preuve se rencontre d'une façon littérale, les tribunaux en ont singulièrement étendu l'interprétation; ainsi, ils la font découler soit de la stipulation du paiement des intérêts, soit de l'élection de domicile en l'étude du notaire, soit de l'accomplissement des formalités extrinsèques de l'acte.

Si le notaire n'est ni mandataire exprès ni mandataire tacite, il peut être reconnu gérant d'affaires, et alors il n'est plus besoin de commencement de preuve par écrit; la *negotiorum gestio*, étant un des quasi-contrats prévus par l'art. 1348 1° du C. civ., peut être prouvée par de simples témoignages ou des présomptions graves et concordantes : en sorte que le mandat tacite se transforme en mandat supposé.

Enfin de nombreux arrêts déclarent le notaire débiteur direct et personnel des placements hypothécaires, le subrogeant, après la réalisation de l'immeuble hypothéqué, dans les droits du créancier.

Telles sont, à grands traits, les règles civiles de la responsabilité notariale; les auteurs, qui les acceptent, demandent aux tribunaux de ne pas les interpréter d'une manière trop rigoureuse, de ne pas exiger du notaire dans l'accomplissement de ses fonctions si graves et si difficiles plus que ne comportent les forces humaines, de ne pas encourager les clients dans des réclamations qui n'ont souvent d'autre but que de faire supporter par le notaire leur propre imprudence et de le rendre le garant de tous leurs mécomptes. Ce n'est pas le cas d'examiner comment les tribunaux ont accueilli ces réclamations; d'ailleurs vous trouverez leur réponse dans les nombreuses décisions judiciaires rapportées dans nos circulaires.

La jurisprudence ne s'est pas arrêtée là! en dehors des causes civiles de responsabilité, en dehors du mandat exprès ou tacite et de la gérance d'affaires, elle a créé la responsabilité par le mandat légal. Les notaires, disent un grand nombre d'arrêts, n'ont pas seulement pour mission de donner un caractère d'authenticité aux actes qu'ils rédigent. Dans son esprit, et d'après ses motifs même, la loi qui les institue a entendu leur conférer un rôle plus digne et plus élevé;

elle les considère comme des conseils désintéressés des parties aussi bien que comme les rédacteurs de leurs volontés, comme les régulateurs des engagements qu'elles veulent contracter; chargés de leur faire connaître toutes les obligations qui en dérivent et de les rédiger avec clarté, ils remplissent une magistrature et donnent par leur caractère une sanction pratique à toutes les lois.

Que les notaires soient les conseillers des parties, nous l'acceptons volontiers; il est impossible de comprendre le règlement des affaires en général sans les conseils d'un homme expérimenté et habitué à leur pratique; ce rôle, absolument indispensable, incombait au notaire surtout dans les campagnes où il n'existe pas d'avocats; si les notaires ne l'avaient pas accepté, il se serait nécessairement établi, à côté de leurs études, en beaucoup plus grand nombre des cabinets d'affaires, dans lesquels les intéressés auraient été chercher les conseils que le notaire leur aurait refusés, et nous avons la prétention de croire que le public n'y trouverait aucun avantage.

Mais nous soutenons avec la majorité des auteurs qui ont traité cette question que le notaire remplit ainsi une obligation morale, un devoir de conscience, sans qu'il puisse en résulter pour lui, en dehors des cas de dol ou de fraude, ni responsabilité civile, ni condamnation à des dommages-intérêts; tous les auteurs s'attachent à faire remarquer qu'aucune responsabilité ne pèse sur les avocats pour les conseils qu'ils donnent et qu'il n'existe pas de raison qu'il en soit autrement pour les notaires.

Nous n'avons pas la prétention d'examiner à fond cette grave question, mais nous sommes obligés de constater que cette théorie du mandat légal, créée de toutes pièces par la jurisprudence, ne repose sur au-

cun texte et qu'elle conduit à l'arbitraire et à l'ini-
quité. Habitués à nous incliner avec respect devant
les décisions de la justice, si nous osons nous expri-
mer avec cette franchise, c'est que cette opinion a été
soutenue par de plus autorisés. Dans une étude de
M. Arnault, secrétaire perpétuel de l'Académie de
législation, professeur de la Faculté de droit de Tou-
louse, reproduite par le *Journal des notaires*, ar-
ticle 22285, nous lisons : « Il serait, croyons-nous,
« superflu et quelque peu naïf de chercher à prouver
« que cette théorie, consacrée depuis par de nombreux
« arrêts, n'est aucunement fondée sur les lois qui ont
« institué le notariat, soit selon leur texte, soit selon
« leur esprit. »

Et plus loin : « La vraie question est donc celle-ci :
« La théorie du mandat légal d'éclairer les parties,
« imposée au notaire à raison de ses fonctions, est-
« elle bonne et désirable, est-elle conforme aux néces-
« cessités de la pratique notariale et à l'intérêt bien
« entendu de l'ensemble des particuliers? Nous n'hé-
« sitons pas à répondre : Non ! et cela pour une raison
« péremptoire, c'est que cette théorie n'en est pas une,
« elle n'est qu'un expédient imaginé pour placer
« les notaires à la discrétion des tribunaux et à l'in-
« discrétion des parties, pour éluder les règles tuté -
« laires du Code civil sur la preuve du mandat et la
« gestion d'affaires. Lorsque cette preuve n'est pas
« administrée et que cependant, d'après la physiono-
« mie des débats, la réputation du notaire, la qualité
« des parties, l'état de l'opinion surexcitée par des
« catastrophes récentes et voisines, le tribunal estime
« que le notaire doit être responsable, alors on tient
« en réserve l'arme du mandat légal qui, lui, ne
« requiert aucune preuve précise et qui commence et
« finit là où il plaît à la jurisprudence. »

Permettez-nous de vous citer un exemple des conséquences du mandat légal ; il est déjà ancien et vous le connaissez sans doute ; mais nous ne l'avons pas trouvé dans nos circulaires et il nous paraît utile de l'y conserver. Pour éviter des droits de succession, un notaire avait conseillé à une femme une renonciation à un usufruit à elle donné par son mari dans leur contrat de mariage, par la raison que le fils unique du mariage étant décédé quelques jours après son père et ayant institué sa mère légataire universelle, cette donation devenait sans objet. La preuve de la date du décès résultait d'une pièce émanant du commandant de la place de Magdebourg où le fils était mort prisonnier. Cette pièce avait un caractère officiel, la Cour ne l'a pas dénié, mais l'acte de décès, transmis plus tard par le ministre de la guerre, a établi que la date indiquée dans la lettre était erronée et que le fils était décédé quelques jours avant son père : par suite, la mère a perdu l'usufruit auquel elle avait renoncé. Le tribunal de Bourges, la Cour de Bourges par arrêt du 22 août 1877, ont rendu le notaire responsable et par arrêt du 2 juillet 1878, la Chambre des requêtes a rejeté le pourvoi du notaire.

Et maintenant, en présence de cette jurisprudence du mandat légal, nous pouvons nous demander si, lorsque tout à l'heure nous examinerons les propositions de nos confrères, il nous sera possible de trouver un remède absolu au danger des responsabilités et répondre dès à présent à la question de Me Richardot « si toutes les responsabilités seront à couvert. » Non, nous ne le trouverons pas ! Non, toutes les responsabilités ne seront pas couvertes !

Il nous reste à vous indiquer comme cause de responsabilité, les obligations professionnelles, telles qu'elles résultent de notre loi organique, la loi du 25 ventôse an XI. Pendant longtemps elles étaient acceptées comme les seules qui pussent nous atteindre ; maintenant elles sont tellement noyées et englobées dans la théorie du mandat légal qu'elles ne comptent pour ainsi dire plus.

Après ce préambule qui nous a paru nécessaire pour bien éclairer la situation, nous abordons l'examen des propositions qui nous ont été transmises.

Nous commençons par celle émanant du comité régional de la Cour d'appel de Lyon ; nous vous en avons donné le texte au début de notre rapport ; elle a pour objet d'interdire aux notaires, d'une manière absolue, les négociations de placements hypothécaires. Le comité régional de Lyon a décidé de soumettre la question aux divers comités régionaux : nous n'entendons en rien préjuger leur décision ; d'ailleurs ils sont tous représentés dans cette assemblée, et l'opinion, qu'ils ont toute liberté de faire valoir ici, pourra ensuite être soutenue par eux dans la prochaine réunion des comités régionaux.

Me Renault, notaire à Châteaudun, avait soumis au Comité une proposition qui a une grande analogie avec celle de nos confrères de la Cour de Lyon. Elle était ainsi conçue : Désormais, les notaires, restant dans la stricte observation du § 6 de l'art. 12 de l'ordonnance de 1843, n'accepteront plus le rôle de négociateurs d'un prêt et de seuls appréciateurs de la valeur des immeubles hypothéqués ; une décharge bien explicite devra être donnée au notaire et la décharge représentée aux membres de la chambre, chargés du contrôle.

Voici en quels termes elle est appréciée dans la circulaire no 208 (t. IX, p. 304) : « Cette proposition, qui

« au fond répond aux recommandations que nous avons
« faites nous paraît digne d'être prise en sérieuse con-
« sidération. Si elle était partout appliquée avec sin-
« cérité, elle aménerait certainement une très grande
« diminution, si ce n'est la suppression des respon-
« sabilités attachées aux placements hypothécaires. »
L'opinion du Comité n'a point variée et il persiste, à
titre de conseil, à engager les notaires à s'abstenir
autant que possible de la négociation directe des placements de tous genres. Mais convient-il de trans-
former ce conseil de prudence, qui laisse à chaque
notaire sa liberté d'appréciation et d'action suivant
les circonstances, en une règle absolument rigoureuse
et pouvant entraîner des peines disciplinaires? Nous
ne le croyons ni possible, ni utile.

Les notaires ne sont pas de simples rédacteurs
d'actes; ils sont aussi les conseils désintéressés des
parties; tout le monde, croyons-nous, est d'accord sur
ce point, et d'ailleurs la jurisprudence nous l'impose
à titre de mandat légal et de devoir professionnel;
dans ces conditions, par quel règlement de chambre
arrivera-t-on à défendre ce que nous considérons,
nous, comme un devoir moral et les tribunaux comme
une obligation civile; jamais il ne sera approuvé et
par conséquent n'aura pas de sanction. Nos confrères
de Lyon ont-ils remarqué que ce règlement visant
seulement les placements hypothécaires et non les
autres actes, il en résultera que les notaires auront
pour ceux-ci des obligations professionnelles, dont
ils seront affranchis pour ceux-là; n'y a-t-il pas là
une certaine anomalie. Puis ils ne nous disent pas
où commence ni où finit ce rôle de négociateur. Lorsqu'un prêteur a besoin d'argent, il s'adresse à son
notaire, qui sait où en trouver; le fait de mettre en
rapport le bailleur de fonds et l'emprunteur consti-

tuera-t-il l'infraction prévue; si oui, nous en verrons
tout à l'heure les conséquences, si non, il serait nécessaire d'indiquer quels faits seront constitutifs de
la faute. Et la preuve, comment la faire? Le notaire
de bonne foi se laissera facilement surprendre, celui
au contraire qui se ferait une habitude d'éluder la
prescription, saura bien prendre les précautions pour
se mettre à couvert. Admettons pour un instant que
la mesure soit adoptée par la majorité des compagnies; lorsque, comme dans la pratique actuelle, un
client viendra exposer ses besoins d'argent à son notaire et que celui-ci lui répondra que des règlements
nouveaux lui interdisent de chercher un prêteur et
que son rôle doit se borner à faire le contrat de prêt,
le client ne renoncera pas à son emprunt et, soit dans
l'impossibilité de trouver dans le cercle de ses rela-
tions, soit même le plus souvent avec la volonté de
ne pas s'adresser à ceux qui le connaissent, auxquels
il tient à ne pas confier les embarras de sa situation,
il ira trouver un notaire qui aura moins de scrupule
ou un agent d'affaires qui n'en aura pas du tout. On
arrivera par ce moyen à donner de l'importance aux
agents d'affaires et à habituer le public à s'adresser
à eux. S'ils ne peuvent pas faire les placements hypothécaires, ils peuvent détourner les clientèles et ils
trouveront l'occasion de faire d'autres actes pour lesquels le ministère des notaires n'est pas obligatoire.
Le notariat proteste depuis longtemps contre les agissements des agents d'affaires, il ne serait pas logique
qu'il prît des mesures qui obligeraient les clients à
s'adresser à eux.

D'ailleurs le notariat ne paraît pas disposé à renoncer à la négociation des prêts, car, dans la plupart de ses tarifs, sous une forme ou sous une autre,
il comprend l'honoraire qui lui est légitimement dû

pour les peines et les soins que cette négociation lui occasionne.

Ce qu'il faut observer, c'est la prudence et la circonspection, et l'abstention complète quand une situation peut faire concevoir des craintes, et à cet égard nous croyons utile de remettre sous vos yeux les résolutions adoptées par votre assemblée générale dans sa séance du 9 décembre 1874 (Circulaire n° 151, t. V, p. 174) :

1° Ne pas se constituer l'intermédiaire habituel de placements de fonds par billets ou reconnaissances ;

2° Ne faire aucun placement hypothécaire ou autre à l'insu du prêteur ;

3° Ne donner aucun récépissé de sommes déposées, portant stipulation d'un intérêt quelconque ;

4° N'accepter soit directement, soit indirectement, aucune procuration générale, contenant, en termes généraux, le pouvoir de faire des placements ou n'en user qu'en vertu d'autorisation spéciale ;

5° Ne pas servir de ses deniers personnels les intérêts des sommes placées ;

6° N'exercer, à l'insu du créancier, aucune poursuite contre le débiteur en retard ;

7° Remettre le plus tôt possible aux prêteurs les titres de leurs créances et les pièces à l'appui.

L'application rigoureuse de ces prescriptions mettrait, nous n'en doutons pas, les notaires à l'abri d'une grande partie des responsabilités qu'entraînent les placements de fonds.

La proposition de nos confrères de Moulins soulève l'examen d'une grave question, celle de la valeur, nous ne voulons pas dire des décharges contenues dans les actes, mais des déclarations qui y sont faites, pour établir dans quelles conditions l'acte a été préparé, puis réalisé.

Nous voulons, autant que nos forces nous le per-
mettront, approfondir avec vous cette question. si
importante, et cette étude, nous vous demandons de
la faire sans idée préconçue ; vous apprécierez ensuite
s'il y a lieu d'en tirer quelque conséquence utile. La
question est celle-ci : Les déclarations faites par le
notaire dans un acte authentique et pouvant avoir
pour effet de le décharger de certaines responsabilités prétendues contre lui, sont-elles nulles ?

L'art. 8 de la loi du 25 ventôse an XI, dans son
texte ou dans son esprit, défend au notaire, à peine
de la nullité prononcée par l'art. 68, d'instrumenter
pour lui-même ou d'avoir un intérêt dans l'acte. Et
la conséquence, c'est que tout acte dans lequel cette
condition se rencontre est nul dans toutes ses parties. Or jamais il n'est venu à l'idée de personne que
les déclarations dont nous parlons puissent pro-
duire ce résultat. La raison en est bien simple,
c'est que la loi de ventôse a visé le cas où l'acte con-
tiendrait une stipulation d'ordre privé en faveur du
notaire : elle n'a pas voulu qu'il pût avoir le double
rôle de notaire et de partie, mais elle ne l'atteint pas
lorsqu'il agit comme fonctionnaire public, car, à ce
point de vue, il a le droit et le devoir, et il ne cesse
pas d'instrumenter dans son propre intérêt. Lorsqu'il déclare que l'acte a été signé après lecture
faite, que sur son interpellation l'une des parties a
déclaré soit ne pouvoir, soit ne savoir signer, que sur
son interpellation encore les témoins font leur déclaration d'identité, etc..., qu'est-ce que tout cela, si
ce n'est pour le notaire instrumenter et constater
qu'il a bien fidèlement rempli les obligations de sa
fonction. Bien plus, des lois particulières obligent
le notaire, à peine d'amende et même de nullité, à
des constatations qui viennent à sa décharge ; ainsi,

dans les contrats de mariage, la remise du certificat avec l'avertissement qui l'accompagne; dans les ventes et autres, la constatation de la lecture de la loi de 1871; dans les donations, la déclaration de la lecture et de la signature en présence des témoins instrumentaires, et pourtant, ces lois n'ont pas abrogé la loi du 25 ventôse an XI, encore une fois, parce que la loi de ventôse n'a pas en vue les cas où le notaire stipule comme fonctionnaire public.

Sous l'arrêt de 1872, dont nous parlerons tout à l'heure, le *Recueil* de Dalloz, tout en approuvant la décision, s'exprime ainsi : Mais il ne faudrait pas conclure que les clauses par lesquelles les notaires constatent les avertissements qu'ils ont donnés aux parties, ne doivent pas, dans le plus grand nombre des cas, mettre les notaires à l'abri de toute action en responsabilité; ils n'ont en effet aucun moyen plus sûr de justifier qu'ils ont fait tout leur devoir.

Nous pensons qu'en droit les déclarations ayant pour objet de constater que le notaire a fidèlement rempli son devoir, ne sont pas nulles. Mais sont-elles, comme les autres clauses de l'acte, soumises à l'inscription de faux? Dans la rigueur des principes, il en devrait être ainsi, car faites par le notaire dans l'intérêt des conventions ou dans son intérêt de fonctionnaire public, elles ont tous les caractères de l'authenticité et devraient en suivre les règles : nous ne l'espérons guère.

Voyons maintenant la jurisprudence :

Le premier arrêt, dont les recueils fassent mention a été rendu par la Cour de Paris, le 27 août 1852, avec ces motifs : « Qu'en vain, il (le notaire) s'appuie sur « la mention insérée dans l'acte en ces termes : que « le présent prêt a été négocié directement sans la « participation du notaire, qui n'a été que le rédac-

« teur des conventions; qu'une pareille énonciation,
« qui aurait elle-même pour résultat d'annihiler dans
« ce qu'elle a de plus honorable la dignité nota-
« riale, a pu seulement avoir pour effet de consta-
« ter que le prêt n'aurait point été procuré par lui,
« mais qu'elle n'a pu, en aucune façon, le rédimer
« de l'obligation inhérente à ses fonctions de tout
« faire pour que la garantie hypothécaire ne fût pas
« illusoire. »

Cet arrêt, s'il est le premier, est assurément le
type de tous les autres; la clause n'est pas nulle, le
notaire n'a pas été le mandataire des parties, non!
mais il est néanmoins condamné comme conséquence
de la théorie du mandat légal que nous avons toujours combattue et que nous conseillons de combattre
toutes les fois que l'occasion s'en présentera.

Le second est l'arrêt de la Chambre des requêtes
du 2 avril 1872; en voici les principaux considérants:
« Attendu que si les notaires ne peuvent instrumen-
« ter pour les personnes qui sont leurs parents au
« degré prohibé par l'art. 8 de la loi du 25 ventôse
« an XI, ils ne peuvent à plus forte raison instru-
« menter pour eux-mêmes »; c'est ce motif qui a jeté
le trouble dans le notariat et fait craindre que la
clause fût nulle, mais s'il était exact, la conclusion
serait bien plus radicale; c'est non-seulement la
clause, mais l'acte entier qui serait nul, car telle est
la sanction édictée par l'art. 68 de la loi de ventôse.
La Cour ne le laisse pas supposer; loin de là, elle
reconnaît à la déclaration même un effet utile, quoique
restreint. Le considérant se continue ainsi : « D'où il
« suit que les tribunaux ne sont pas liés d'une ma-
« nière absolue par les déclarations que fait à son
« profit et dans son intérêt le notaire rédacteur d'un
« acte. » Si donc les tribunaux ne sont pas liés d'une

manière absolue, ils le sont d'une manière relative
et par conséquent la clause n'est pas nulle.

L'argument tiré de la loi de ventôse an XI n'a été,
à notre connaissance du moins, reproduit par aucun
arrêt. Le 12 juillet 1872, la Chambre des requêtes,
jugeant dans une affaire analogue, disait : « Attendu
« que les consorts X... ne sont aucunement liés par la
« stipulation de non-responsabilité que le notaire
« D... a insérée dans l'acte du..... ; qu'en effet ils
« n'ont point renoncé et qu'on n'a pu renoncer pour
« eux à demander compte au notaire de la faute par
« lui commise. »

Nous ne vous citerons pas tous les arrêts rendus
en la matière, vous en trouverez un grand nombre
dans nos circulaires ; tous arrivent à cette conclusion, non pas que la cause soit nulle ni qu'elle soit
inefficace pour établir que le notaire n'a pas été le
mandataire ou le *negotiorum gestor* des parties, mais
qu'elle n'a pas pour effet de le décharger de ses obligations professionnelles, telles que la jurisprudence
les fait découler du mandat légal.

En vous reportant à notre dernier rapport sur la
responsabilité notariale (Circ. nº 224, p. 612), vous
trouverez un arrêt de la Chambre des requêtes du
2 août 1893, par lequel elle renvoie à l'examen de la
Chambre civile les questions suivantes : « Un notaire
« peut-il être déclaré responsable de l'inefficacité
« d'une hypothèque, lorsque rien dans la cause n'éta-
« blit l'existence d'un mandat spécial à lui donné ;
« qu'il a été stipulé dans l'acte de constitution hy-
« pothécaire que le notaire ne faisait que remplir le
« rôle de rédacteur des conventions des parties. »
Pour que la Chambre des requêtes renvoyât cette
question à l'examen de la Chambre civile, il fallait
de toute évidence qu'elle reconnût à la clause une

certaine valeur. La Chambre civile a rejeté le pourvoi, mais elle n'a aucunement visé la nullité de la
clause ; comme toujours, elle a constaté l'existence
d'une faute professionnelle, qu'aucune décharge ne
pouvait couvrir.

Est-il téméraire, est-ce faire preuve de trop d'opti-
misme de décider que la clause, dite de décharge, n'est
pas nulle, qu'elle peut être employée avec utilité,
qu'elle est, suivant l'opinion rapportée plus haut « le
moyen le plus sûr pour les notaires de justifier qu'ils
ont bien fait tout leur devoir. » Vous apprécierez.
Dans cet ordre d'idées, la proposition de nos confrères aurait des résultats utiles ; toutefois nous esti-
mons que toute mesure générale et obligatoire, de
même que toute rédaction imposée, ayant par conséquent les caractères d'une formule, présentent des
inconvénients et qu'il est préférable de laisser chaque
notaire libre d'apprécier l'opportunité de la mesure et
les termes de la clause, suivant les circonstances de
l'affaire.

Nous arrivons à la proposition présentée par M. Maréchal au nom de la compagnie des notaires de Bar-
sur-Seine : vous la connaissez, elle a pour objet d'im-
poser aux notaires, d'une manière absolue, dans toute
affaire de placements de fonds, de faire signer par les
parties une décharge de responsabilité, distincte de
l'acte notarié, d'après un modèle uniforme et imprimé
à l'avance, avec obligation de la représenter lors des
inspections de comptabilité.

Dans la circulaire n° 195 (t. VIII, p. 137), le Comité
a examiné la question de la valeur de ces décharges ;
il a cité l'opinion de M. Arnault (*loc. cit.*) ; nous
croyons utile de la rappeler : « En fait il arrivera le
plus souvent qu'une attestation extrinsèque à l'acte
donnée par les parties, couvrira le notaire en empê-

chant tout procès; mais en droit et malgré tout, s'il
y avait procès, les tribunaux seraient-ils liés? Évidemment non. Ils ne le seraient pas plus que par
une clause insérée dans l'acte. Comment comprendre
que les mêmes paroles écrites sur un papier à part et
signé par les parties puissent avoir plus d'effet que
si elles étaient insérées dans l'acte même et signées par
les mêmes parties? Notre droit répugne à de pareilles
subtilités, et ce que la Cour de cassation disait dans
les arrêts de 1872 de la force des déclarations insérées
dans les actes, doit s'appliquer également dans notre
hypothèse.

Depuis les tribunaux ont eu l'occasion de juger
quelques espèces; nous pouvons vous citer les deux
suivantes :

Un arrêt de la cour de Nancy du 8 mars 1884, con-
tient ce considérant : « Attendu que ce premier
« moyen écarté, M... en invoque un autre consistant
« dans la production d'une décharge sous seing privé
« en date du ....., par laquelle X... l'aurait affranchi
« de toute responsabilité, mais que les présomptions
« les plus graves se réunissent pour faire considérer
« cette décharge comme entachée de dol et de fraude
« et la rendre impuissante à dégager la responsabilité
« de l'ancien notaire. » Le pourvoi a été rejeté par
arrêt de la Chambre des requêtes du 21 octobre 1885,
qui déclare « que si l'art. 1116 du C. civ. pose le prin-
« cipe général que le dol ne se présume pas, il ne fait
« pas obstacle à ce qu'aux termes de l'art. 1353 du
« même Code, l'acte attaqué pour cause de dol ou de
« fraude ne soit annulé par le juge qui reconnaît et
« constate le dol ou la fraude au moyen de présomp-
« tions graves, précises et concordantes. »

Dans notre dernier rapport sur la responsabilité
notariale (Circ. n° 224, p. 619) nous avons cité un ju-

gement du tribunal de la Seine du 7 décembre 1893,
rendant un notaire responsable de fonds envoyés à
un confrère tombé depuis en déconfiture, pour faire
le remboursement d'une créance hypothécaire ; la
responsabilité a été prononcée malgré la production
d'une décharge sous signature privée par laquelle le
client autorisait le notaire à envoyer les fonds par
la poste, le déchargeant de toute responsabilité quelconque au sujet de ce paiement. « Attendu, dit le
« jugement, que cet écrit, rédigé par B..., suppose le
« mandat allégué et s'ajoute pour en démontrer l'exis-
« tence et l'étendue aux présomptions tirées des au-
« tres faits de la cause ; — Attendu que la décharge
« de toute responsabilité s'applique donc seulement
« au mode d'envoi des fonds ; qu'il est inadmissible
« que P... l'ait consentie et que B..., le notaire, l'ait
« demandée en prévision de la nullité du paiement de
« la créance. »

Vous voyez la tendance des tribunaux ; les décharges par acte sous signatures privées ne paraissent
guère devoir être prises en plus sérieuse considération que celles contenues dans les actes notariés ; les
unes sont des clauses de style, les autres des clauses
de pure forme, mais le résultat est le même. Ajoutez
que les conséquences du mandat légal ne sont pas
couvertes plus par les unes que par les autres et que
les tribunaux ont jugé que l'obligation pour le notaire
d'éclairer les clients comporte l'appréciation de la valeur du gage.

Est-ce à dire qu'il faille renoncer à l'emploi des
décharges extrinsèques de l'acte ? Non, certes. Au
contraire nous croyons à l'efficacité, dans la majeure
partie des cas, de décharges explicites, écrites et signées par les créanciers et, s'ils sont illettrés, pas-
sées devant un notaire autre que celui qui aurait

reçu l'acte d'obligation; mais nous ne sommes pas partisans d'une décharge uniforme, encore moins d'une décharge imprimée; elles pourraient, nous le craignons, être trop facilement considérées comme des formules banales, employées pour tout sujet.

Convient-il de généraliser cette mesure et de la rendre obligatoire sous peine disciplinaire? Les assemblées générales et les chambres de discipline peuvent, à notre avis, prescrire ces décharges et obliger les notaires à les représenter aux vérificateurs de leur comptabilité : ce droit leur est reconnu par la circulaire ministérielle du 1er mars 1890, mais à la condition que les règlements soient homologués par le Garde des sceaux; autrement ils n'auraient pas force obligatoire.

Et cependant nous avons quelqu'hésitation à le conseiller. La plupart des prêts hypothécaires ne demandent pas cette précaution; leur réalisation en deviendra plus difficile et compliquée sans utilité, la vulgarisation même de cette mesure la rendra inefficace et les tribunaux la prendront d'autant moins en considération qu'elle sera plus générale. Beaucoup de compagnies estimeront qu'il faut laisser à chaque notaire une certaine liberté d'action et d'appréciation dans les négociations qui lui sont confiées. Enfin tous les règlements intérieurs ne sont pas approuvés : comme ils sont exécutés sans difficulté et qu'il faudrait en changer plusieurs dispositions consacrées par un long usage, certaines compagnies, à tort ou à raison, préfèrent ne pas solliciter l'homologation. Nous craignons la résistance d'un grand nombre.

Pour nous résumer, nous avons la conviction que

les décharges sous signatures privées, spéciales et explicites, combinées avec les déclarations dans l'acte authentique, empreintes les unes et les autres d'une sincérité absolue, employées avec circonspection, ces décharges, disons-nous, auront une incontestable utilité ; elles rendront le succès des actions en responsabilité plus douteux et feront hésiter à les introduire les clients qui, dans l'état actuel, prennent trop facilement les notaires pour les assureurs de tous leurs mécomptes. Ce ne sont pas seulement les placements hypothécaires qui entraînent des responsabilités ; il y a donc lieu d'en conseiller l'usage dans toutes les affaires dans lesquelles les notaires éprouveront des doutes, lorsque les clients n'auront pas voulu se soumettre à leurs conseils et à leurs avertissements.

Mais nous n'avons pas la prétention de croire que toutes les précautions qui seront prescrites et observées arrêteront tous les procès, et encore moins d'espérer qu'aucune condamnation ne sera encourue, tant que le notariat restera sous le coup de l'arme du mandat légal.

Nous ne nous occupons évidemment que des condamnations empreintes d'une excessive sévérité et basées sur des motifs généralement critiqués. Il en est de trop justifiées ; des notaires, en trop grand nombre, se sont livrés à de véritables spéculations, d'autres ont commis d'incontestables imprudences ; ceux-là mêmes nous ne pouvons pas les défendre contre les rigueurs des tribunaux. Par leurs agissements, ils ont compromis la considération du notariat et la confiance dont il doit être entouré ; leurs fautes ont appelé la sévérité des juges, devant lesquels ils ont rendu suspects même les bons. Nous voudrions que tout notaire, sous le coup d'une

action en responsabilité, fût obligé de soumettre
le cas à sa chambre, chargée par la loi de prévenir
et de concilier les débats de cette nature. Il est nécessaire de porter le moins possible ces questions
devant les tribunaux; quel qu'en soit le résultat,
le notaire est toujours compromis, et le discrédit
dont il souffre, atteint toute la corporation.

Ces dernières considérations, comme tout le reste,
nous les empruntons aux circulaires du Comité ; ne
vous semble-t-il pas qu'elles méritent d'être prises
en sériéuse considération !

MM. Le Bertre, Percheron et Duplessix, *rapporteurs*.

www.ingramcontent.com/pod-product-compliance
Lightning Source LLC
Chambersburg PA
CBHW061712050726
47598CB00004B/1803